W0339529

Ma p'tite famille

Le cahier Éducation bienveillante

Ma p'tite famille

Le cahier

Éducation bienveillante

Benjamin Muller

Illustré par Nathalie Jomard

FIRST
ÉDITIONS

À Céline, bienveillante à chaque instant.

ISBN : 978-2-412-04630-2
Dépôt légal : mai 2019
Imprimé en Espagne

Édition : Anne Bazaugour
Mise en pages : Nord Compo
Illustrations : Nathalie Jomard
Corrections : Natacha Kotchetkova

Éditions First, un département d'Édi8
12, avenue d'Italie
75013 PARIS – France
Tél. : 01 44 16 09 00
Fax : 01 44 16 09 01
E-mail : firstinfo@efirst.com
Site internet : www.editionsfirst.fr

Sommaire

Introduction

« L'éducation bienveillante ?
Mais qu'est-ce que c'est encore
que ce truc de bobo ? »

Voilà ce que vous allez entendre si vous osez revendiquer en public votre intérêt pour la question. Possible aussi qu'on vous accuse de contribuer à cette génération d'enfants rois, d'enfants tyrans, qui ne respecteraient rien ni personne, trop habitués à obtenir tout ce qu'ils demandent.

Bonne nouvelle, ces gens se trompent. Complètement. Et je l'écris encore plus facilement que je pensais comme eux, il y a encore peu de temps.
Avant de m'intéresser vraiment au sujet.

Non, éducation bienveillante ne signifie pas laxisme et perte d'autorité.

L'éducation bienveillante, c'est le respect de l'enfant, de ce qu'il est et de ce qu'il ressent. C'est aussi s'organiser pour tout mettre en place pour l'accompagner vers la confiance en soi et l'épanouissement.

Qui pourrait être contre ?

Dans ce livre, vous allez découvrir les grands principes de l'éducation bienveillante.
Des témoignages de parents emballés et de scientifiques qui prouvent ses vertus.

Évidemment, l'éducation bienveillante, ce n'est pas toujours simple.
Mais vous allez voir que c'est loin d'être l'Himalaya.

On parie ?

Quand la science valide l'éducation bienveillante

– Interview de Catherine Gueguen –

Catherine Gueguen est pédiatre. Elle anime de nombreux groupes de travail, pour la communauté médicale notamment, mais aussi éducatifs sur l'aide à apporter aux parents. Elle s'appuie sur les dernières découvertes scientifiques sur le développement et le fonctionnement du cerveau, qui chamboulent notre compréhension des besoins de l'enfant. La science a réussi à prouver ce qui est bien, et ce qui ne l'est pas, pour accompagner son enfant vers l'épanouissement. C'est fascinant.

Depuis quand peut-on dire que les neurosciences se sont intéressées aux questions d'éducation ?

Il faut différencier les neurosciences cognitives, qui concernent les questions intellectuelles, comment on apprend à lire, à compter, à écrire, des neurosciences affectives et sociales, qui s'intéressent aux mécanismes des émotions, des sentiments, des relations avec les autres. Pour les neurosciences cognitives, ce n'est pas nouveau. En revanche, les neurosciences affectives et sociales, c'est récent. Et même très récent, ça date du début du XXIe siècle.

Aujourd'hui la recherche sur le cerveau a beaucoup progressé et nous apprend beaucoup de choses, notamment sur le fonctionnement des enfants. On sait aujourd'hui ce qu'il faudrait faire pour qu'un enfant soit le plus épanoui possible.

Pour moi, c'est une immense chance, une opportunité extraordinaire. En tant que pédiatre, j'ai dit beaucoup de bêtises aux parents avant de m'intéresser à ces découvertes scientifiques. L'exemple le plus parlant, c'est qu'avant ces découvertes, on parlait de « caprice ». Maintenant, on sait que ça n'existe pas chez les enfants. Ce sont des émotions qui le submergent. Les parents doivent comprendre qu'il s'agit de comportements qui veulent dire quelque chose et que les parents doivent apprendre à comprendre.

RDV en partie 6 pour découvrir les émotions des enfants et apprendre à traverser une tempête émotionnelle, **p. 84**.

Tous les parents devraient connaître ça… Pourtant c'est encore loin d'être le cas ?

C'est encore très très loin d'être le cas, mais pas uniquement chez les parents. C'est pareil chez de nombreux professionnels de l'enfance. Pas tous, évidemment, mais encore beaucoup. Je fais un tour de France des écoles sur ces sujets, et je dois reconnaître que la plupart des enseignants ne sont pas formés aux découvertes des neurosciences affectives et sociales.

RDV partie 1 **p. 13** pour répondre à la fameuse question : mais au fait, l'éducation bienveillante, c'est quoi ?

Par exemple ?

Encore trop d'adultes, quand ils voient un enfant qui est en colère, lui disent : « Arrête, calme-toi, ça ne sert à rien ». Il y a toute une démarche à faire sur les compétences émotionnelles. On doit comprendre que les émotions sont ni bien ni mal… On a découvert que c'est physiologique, il n'y a pas d'émotions négatives, mais uniquement des émotions désagréables. **Il ne faut surtout pas culpabiliser les enfants** qui vivent ces émotions, car ils n'y sont pour rien. Plutôt que de dire « arrête », il faut dire « veux-tu en parler avec moi ? ». Ça change tout.

Identifiez les phrases à bannir **p. 56** et apprenez à les remplacer.

Qu'est-ce qui nous permet de faire face à nos émotions ?

C'est le cortex préfrontal qui est la partie antérieure du cortex du lobe frontal du cerveau. Pour le « maturer », c'est l'attitude des adultes avec les enfants qui va entrer en jeu. Au lieu de dire « arrête ta comédie », si l'adulte tente de comprendre son émotion, de l'apaiser (ce qui ne veut pas dire céder) et l'aider à exprimer celle-ci, alors il va lui donner les armes pour faire « maturer » son cerveau. Et donc pour, plus tard, **savoir gérer lui-même ses émotions**. Pour avoir un cerveau adulte, il faut environ 25 ans et on peut dire que c'est à partir de 5 ou 6 ans que ce cortex va commencer à bien « maturer ».

Pour aider votre enfant à apprivoiser ses émotions, RDV **p. 76**.

Si on sait ce qu'il faut faire pour accompagner son enfant vers l'épanouissement, sait-on aussi ce qu'il ne faut pas faire ?

La punition, c'est une catastrophe. Crier également. Mais le plus important est d'éviter les humiliations. On parle de « maltraitance émotionnelle ». Ce sont les paroles qui dévalorisent ou qui isolent l'enfant. Les paroles définitives. Elles abîment et fragilisent le cortex orbitofrontal qui est une région du cerveau qui joue dans le processus de décision. Ce cortex est dévolu à la capacité d'empathie, au sens éthique et au sens moral.

Une chercheuse hollandaise a montré que **quand les deux parents sont empathiques** avec leur enfant, alors, à l'âge de 8 ans, toute la substance grise de son cerveau se développe parfaitement. Le cortex fonctionne parfaitement mieux. C'est une découverte majeure qui prouve les bienfaits de la bienveillance. Ce n'est pas idéologique que de dire cela, mais scientifique.

RDV partie 3 **p. 39** pour en savoir plus sur la discipline positive.

Je précise qu'être emphatique ne veut pas dire être laxiste, **l'adulte doit savoir dire non**. Mais il doit le faire sans humilier, sans punir, sans crier. Et ça, c'est loin d'être acquis...

Les neurosciences affectives nous ont appris qu'une grande partie de notre cerveau est dévolu à la rencontre humaine. C'est surtout le cas pour les enfants ?

Nous sommes des êtres très sociaux, mais les relations humaines sont très complexes. Si on n'a pas développé les compétences émotionnelles, on ne peut pas développer ses relations avec les autres. Les enfants, à partir de 3 ou 4 ans, ont envie d'être avec les autres. Mais avoir des relations satisfaisantes, ça s'apprend, ça prend du temps. Et cela s'apprend par des adultes qui sont des modèles pour les petits. Par exemple, si un adulte crie régulièrement sur son enfant, alors celui-ci va l'imiter lors de conflits avec les autres enfants, à l'école ou avec ses frères et sœurs.

Pour comprendre le mimétisme chez l'enfant, RDV **p. 54**.

Quels conseils pourriez-vous donner pour aider les enfants à gérer leurs émotions, au-delà de la bienveillance des parents ?

La méditation de pleine conscience agit bien sur le cerveau des enfants. Mais j'insiste surtout sur une chose : quand on exprime une émotion désagréable, en parler calme l'amygdale cérébrale, qui active la sécrétion de molécule de stress, l'adrénaline. L'effet est immédiat. Donc quand un enfant est très énervé, le simple fait de lui demander pourquoi il est dans cet état et de l'écouter, va l'apaiser. La France est en retard sur ces questions. Mais je suis confiante : ça commence à venir, les gens s'intéressent de plus en plus à ces questions… Je suis optimiste pour la suite.

Testez la méditation de pleine conscience **p. 81** !

Partie I

Mais au fait, l'éducation bienveillante, c'est quoi ?

De quoi on parle ?

On entend tout et n'importe quoi sur l'éducation bienveillante, alors reprenons à zéro : qu'est-ce que c'est ?

Allez, autant commencer tout de suite par ça : l'éducation bienveillante n'est pas synonyme de laxisme. À aucun moment. Non, l'éducation bienveillante n'a pas pour objectif de générer toute une génération d'enfants tyrans, comme disent certains, « d'enfants casse-couilles », comme pensent d'autres.

Non, une éducation bienveillante n'inverse pas les rôles. Le parent reste le détenteur de l'autorité, et son enfant... à sa place d'enfant, justement.

Non, l'éducation bienveillante n'est pas la tendance des parents qui ont renoncé à se faire obéir.

Une fois cette très légère mise au point réalisée, essayons donc de décrire ce qu'est l'éducation bienveillante : une éducation basée sur l'empathie, sur le respect de l'enfant. Une éducation où les émotions de l'enfant sont prises avec sérieux. Une éducation sans aucune forme de violence, physique, évidemment, et psychologique.

J'ajouterai qu'une éducation bienveillante est une éducation qui tend à tout mettre en place pour donner aux enfants confiance en eux, à les aider à se faire une place dans la société qui les attend, et à les encourager à développer leur esprit critique.

Qui pourrait être contre ces quelques idées ?

Pour moi, un parent bienveillant, c'est... (à vous !)

S'il fallait résumer l'éducation bienveillante en une phrase, je dirais : considérer son enfant comme on considère les autres personnes de la famille.

Les principes de l'éducation bienveillante

Le Dr Gilles-Marie Valet a déterminé les trois principes de base de l'éducation bienveillante. Les avoir à l'esprit permet de relativiser.

1. **L'enfant ne nait pas avec un sens inné de l'obéissance.** Avoir cela en tête permet de relativiser ces moments, difficiles, fatiguant, insupportables, disons-le, où votre enfant « n'écoute rien ». Non, il ne cherche pas à vous faire péter les plombs. Il ne suffit pas d'expliquer les règles pour qu'elles soient appliquées. Nous ne sommes pas à l'armée, mais dans une famille.

2. **Un « cadre structurant » est indispensable pour le développement de l'enfant.** Dans la famille, il y a des règles et des principes clairs, auxquels on ne déroge pas (avant de dormir, on se brosse les dents, on ne dit pas de gros mots, etc.). Chacun verra ce qu'il veut mettre dans ces règles familiales. Ce qui est important, c'est de se tenir aux règles en questions. L'enfant en a besoin, ca l'aide à savoir ce qui est bien de ce qui est mal, et surtout, ça le rassure. Le cadre rassure.

3. **Éduquer ne se résume pas à tout interdire.** Je rajouterais même qu'éduquer ne se résume pas à dire « non ».

Sans trop réfléchir, que ressentez-vous en lisant ces principes ? Avez-vous l'impression de déjà les appliquer ou êtes-vous dans une démarche différente ?

Quiz : êtes-vous un parent « bienveillant » ?

Où en êtes-vous de l'éducation bienveillante ?
Faites un petit bilan avant de commencer !

Répondez-y sincèrement. Lâchez-vous. Si ça vous rassure, faites-le au crayon à papier et gommez après, comme ça, personne ne saura ce que vous pensez vraiment de tout cela.

1. La dernière fois que vous avez crié sur vos enfants ?

- ■ Il y a plusieurs jours.
- ● Je ne crie jamais. Je suis zen, moi.
- ★ Il y a 5 minutes, mais c'était mérité.

2. Le départ pour l'école chaque matin :

- ★ Tout est chronométré et les enfants sont ponctuels, sinon ils sont punis.
- ● Quelle école ? Chez nous, on a choisi l'instruction en famille.
- ■ Je n'ai parfois pas le temps de prendre mon petit déjeuner, mais on part à l'école à peu près dans le calme.

3. Quand vos enfants sont débordés par leurs émotions désagréables :

- ● Je suis là pour eux. Il faut qu'ils puissent les exprimer. On fait même une météo des émotions.
- ★ Je leur demande de se calmer sur-le-champ.
- ■ J'essaie de me concentrer sur eux et d'oublier le regard des autres, mais ce n'est pas toujours facile.

4. Votre avis sur les punitions corporelles ?

- ★ Une fessée, ça ne fait pas de mal, il faut bien qu'ils comprennent leurs bêtises.
- ■ Quand on est poussé à bout, ça ne m'étonne pas, mais ça doit rester exceptionnel.
- ● Je n'ai jamais levé la main sur mes enfants et l'idée même me choque.

5. Votre enfant de 5 ans vous dit que, plus tard, il ne veut pas travailler et veut passer ses journées à regarder la télé. Votre réaction :

- ★ Vous lui montrez le film *The Big Lebowski* des frères Coen, et vous lui demandez si vraiment il veut ressembler au Duc ?
- ■ Vous exigez de lui qu'il justifie comment il compte, malgré cette expérience professionnelle *a priori* peu rentable, se payer un logement, une voiture, de la nourriture, payer EDF, son téléphone, une mutuelle, etc. S'il trouve une réponse satisfaisante, alors vous êtes ok.
- ● Vous lui dites parfaitement comprendre cet objectif. Vous posez immédiatement votre journée et entamez un marathon de Disney avec lui pour l'encourager dans sa vocation naissante.

Résultats

Vous avez un maximum de ■

Vous êtes ce que l'on appelle un bienveillant raisonnable. Vous voulez faire plaisir à votre enfant, mais vous avez décidé de ne pas vous oublier pour autant.

Vous avez un maximum de ●

Vous êtes ce que l'on appelle un bienveillant total. Franchement, chapeau à vous. L'auteur de ces lignes vous voue un respect éternel et vous incite à écrire un livre sur vos recettes pour ne jamais perdre patience. À l'évidence, ce livre se vendra bien, et vous deviendrez riche.

Vous avez un maximum de ★

Vous êtes ce que l'on appelle un bienveillant qui a une marge de progression. *The Big Lebowski* est un bon film, ça part d'un bon sentiment de le montrer à votre enfant. Mais possible que ça le dégoute de l'âge adulte. N'oubliez pas que quand vous serez vieux et grabataire, c'est lui qui s'occupera de vous.

L'éducation bienveillante, juste un sujet à la mode ?

Stop aux clichés !
N'écoutez pas les mauvaises langues qui ne savent pas de quoi elles parlent...

Si souhaiter le meilleur pour ses enfants est un truc de bobos, alors nous sommes nombreux à être des gros bobos.

Si s'interroger sur ce qui est le meilleur pour ses enfants est un truc de bobos, alors nous sommes là aussi nombreux à être des gros bobos.

Dire que l'éducation bienveillante et positive est un « truc de bobo », c'est ce que l'on appelle un cliché. Une facilité. Une technique aisée de discréditer la personne face à vous. Car, ne l'oublions jamais, l'éducation bienveillante ne veut pas dire l'éducation sans règle ni autorité.

Par ailleurs, parler de nouvelle mode est totalement faux. Maria Montessori, il y a plus d'un siècle, parlait de la bienveillance comme d'un des leviers de l'âme humaine. Était-elle bobo ?

Parole d'enfant

Un parent bienveillant, c'est un parent qui veille sur nous, les enfants. Qui ne nous abandonne pas, qui nous accompagne à l'école. Et qui est gentil avec nous. Comme ma maman, en fait. Elle s'appelle Cristelle.

Nino, 9 ans

Posez la question à votre enfant... Qu'en pense-t-il ?

Quelques réflexions sur l'éducation

« Allez viens avec moi,
je t'embarque dans ma galère
Dans mon arche il y a d'la place
pour tous les marmots
Avant qu'ce monde devienne
un grand cimetière
Faut profiter un peu du vent
qu'on a dans l'dos »

Renaud, chanson Morgane de toi. C'est pas vrai que tous les pères du monde auraient rêvé d'écrire cette chanson pour leur fille ?

« Les enfants n'ont pas besoin d'être éduqués, mais d'être accompagnés avec empathie. »

Jesper Juul, célèbre thérapeute danois.

« Il faut une très grande maturité pour être capable d'être parent, car cela implique d'être conscient que ce n'est pas une situation de pouvoir, mais une situation de devoir, et qu'on n'a aucun droit à attendre en échange. »

Françoise Dolto, sur l'ingratitude de la parentalité.

« Celui qui est maître de l'éducation peut changer la face du monde. »

Leibniz, philosophe allemand. Il avait des enfants, notre ami ?

« L'éducation est une arme de paix. »

Maria Montessori. Débrouillez-vous avec ça.

« Il faut une longue vie pour surmonter les séquelles de l'éducation. »

Jan Greshoff. Quoi, vous ne savez pas qui est Jan Greshoff ? Mais enfin… C'est un célèbre poète néerlandais. Ce qu'il dit revient à dire que même en faisant du mieux qu'il peut, un parent fera toujours mal. Ça rassure.

« Le meilleur aboutissement de l'éducation est la tolérance. »

Helen Keller, auteure américaine.

Elle s'est mise à l'éducation bienveillante et ça a tout changé

Témoignage de Solenn, 32 ans, maman de Maël, 5 ans et Lise, 2 ans et demi.

J'ai commencé à me poser des questions sur mon rôle de mère quand mon fils, Maël avait 2 ans et demi, 3 ans. C'est simple, on était en conflit permanent. Pour tout et pour rien, pour mettre ses chaussures, pour manger, pour aller aux toilettes, pour aller au lit.... Pour moi, je ne devais pas me poser des questions : il devait obéir. J'étais convaincue qu'en tant qu'adulte, je savais mieux que lui, donc il devait écouter. Mais comme ça ne marchait pas, je m'entêtais et je le punissais. Tous les jours, avec même des fessés par moment. Je me disais qu'il était dans une dynamique d'opposition, et moi je ne voulais pas lâcher.

Ça n'arrêtait pas. C'était sans fin. Un enfer.

Un jour, à table, il a balancé son assiette par terre. Évidemment, j'ai crié, je l'ai puni en l'enfermant dans sa chambre. Il était tellement énervé, choqué, qu'il a vomi. Je me disais : « C'est dingue, il se fait vomir par manipulation ». Je sais maintenant qu'il ne contrôlait rien et que sa réaction était le signe d'un désarroi profond. Mais pour moi, à l'époque, un enfant pouvait très bien être une personne perfide.

À la naissance de Lise, j'ai pris un congé parental. Moi qui suis une femme très active, je me suis retrouvée dans ce rôle de femme au foyer, nouveau pour moi. Entre ces conflits permanents et cette nouvelle vie, je pleurais beaucoup. Aller chercher Maël à l'école me stressait. Je craignais aussi le regard des autres parents. C'était dur. Je ne trouvais aucun plaisir dans cette vie, alors que je l'avais choisie.

Le déclic

Et puis un jour, il y a eu le déclic.

Je ne me souviens plus pourquoi, mais ce jour-là, j'ai crié vraiment très fort. Plus fort que d'habitude. J'ai vu dans son regard la peur. J'ai aussi revu la petite fille que j'étais, qui se faisait hurler dessus par sa mère et qui était terrorisée. J'ai détesté voir ça. Je me suis demandé si je voulais être cette mère-là. La réponse était évidemment non.

Dans la bibliothèque de Solenn :

Catherine Gueguen, *Vivre heureux avec son enfant*

Isabelle Filliozat, *J'ai tout essayé* et *Il n'y a pas de parent parfait*

J'ai commencé à me documenter sur l'éducation positive et bienveillante. J'ai aussi effectué un profond travail sur moi-même. Je me suis remise en question, j'ai revu ma relation avec Maël. J'avais besoin de comprendre pourquoi – moi – je criais. J'ai commencé à lire Catherine Gueguen, Isabelle Filliozat... Si j'avais eu ces livres à la maternité, ça aurait changé ma vie. J'ai découvert les bases qui m'ont permis de comprendre que dans la plupart des cas, les colères ne sont pas des colères. Qu'il ne vous manipule pas nécessairement. Qu'il fallait apprendre à l'écouter, à se mettre à sa place. Et surtout que crier n'arrangeait rien.

Un nouveau quotidien

Aujourd'hui, j'ai tout changé. Je suis bienveillante, j'essaie de toujours prendre en compte les émotions de mes enfants. De déminer les crises. J'ai appris aussi à mettre de l'eau dans mon vin. À lâcher, par moment. « Tu veux mettre ces chaussures pourries à l'école ? Après tout, pourquoi pas... »

Maintenant, Maël est plus calme, il s'énerve encore par moment, il chouine encore... mais la vie est beaucoup plus paisible, le conflit n'est plus permanent. Quand il s'énerve, je le laisse faire, et je lui dis que s'il souhaite en parler, je suis disponible. Quand il est calme, je lui demande s'il pense qu'on aurait pu vivre la séquence autrement. Quand, encore aujourd'hui, je dis un mot trop fort ou trop dur, je m'excuse. Je prends le temps de dire pardon.

Personnellement, je me sens beaucoup mieux. Beaucoup plus zen. Même ma vie de couple est beaucoup plus harmonieuse. Tout est plus serein. Tout est positif.

Partie 2

Les outils du quotidien bienveillant

Se fixer des objectifs… sans stress

Surtout sans stress ! Aucun changement ne se fait du jour au lendemain, encore moins quelque chose d'aussi ancré que l'éducation.

Si vous êtes du genre à souvent « péter les plombs », à crier pour un oui ou pour un non (ce qui arrive bien évidemment à l'auteur de ces lignes) et à perdre patience rapidement : vous n'allez pas devenir le maître Yoda de l'éducation bienveillante par l'opération du Saint-Esprit.

Cela va se passer au fur et à mesure.

Pour commencer, faites appel à votre bon sens. Demandez-vous ce que vous changez dans votre manière d'être avec vos enfants. Et essayez de vous fixer des objectifs.

Mise en situation — Le départ pour l'école

Si tous les matins, préparer votre enfant pour aller à l'école est un grand moment de tension, si vous vous agacez de le voir mettre 3 plombes pour mettre ses chaussures, si un jour sur deux, vous devez courir pour ne pas être en retard, réfléchissez à ce que vous devez, en terme d'organisation, changer pour que le climat du matin s'apaise.

Et chez vous, comment se passe le départ pour l'école ?

Essayez de décomposer votre matin-type en étapes pour identifier des points d'amélioration.

« Y a des gens qui ont des enfants parce qu'ils n'ont pas les moyens de s'offrir un chien. »
Coluche, bienveillant… avec les chiens

Mes objectifs : ce que j'ai envie de changer

C'est le moment d'être honnête avec vous-même. Listez tout ce qui vous déplaît et ce que vous avez envie de changer (moments réguliers de tension chez vous, comportements, etc.) grâce à l'éducation bienveillante.

On ne peut pas tout changer en même temps ! Pour commencer, choisissez 3 objectifs (ou moins si vous préférez) dans votre liste sur lesquels vous allez vous concentrer :

1.

2.

3.

Mettre en place de bonnes habitudes

Il est important de déterminer très tôt des consignes et de montrer l'exemple.

Plus une consigne sera claire, plus votre enfant l'appliquera puisqu'il la comprendra.

Plus il sentira que vous êtes convaincu de ce que vous lui dites, moins il tentera de négocier car il sentira instantanément que c'est pour son bien.

Pour que cela fonctionne sur le long terme, il faut vous fixer à ces bonnes habitudes. Je vous conseille de ne pas en choisir trop pour pouvoir vous y tenir.

Listez ces bonnes habitudes, comme par exemple :

- On se brosse les dents TOUS les matins et TOUS les soirs.
- On prend une douche TOUS les jours.
- On se lave les mains avant TOUS les repas.
- On dit bonjour, au revoir et merci.
- JAMAIS de gros mots.

Parole d'enfant

Un parent bienveillant, bon, bien sûr, c'est celui qui veille sur ses enfants, qui s'occupe d'eux. Mais aussi qui de temps en temps joue avec eux, et organise des sorties.

Lili, 10 ans

À vous de remplir vos bonnes habitudes

Créer un tableau des routines

Les routines sont un excellent moyen d'ancrer les bonnes habitudes et d'avoir un quotidien plus serein.

Pour aider votre enfant – encore petit – à se repérer dans le temps, et aussi à visualiser les habitudes que vous souhaitez lui faire prendre, n'hésitez pas à créer un « tableau des routines », comme disent les spécialistes.

Comme un mini-agenda, il recensera ce que l'enfant doit faire, tous les jours, toute l'année.

Dans l'idéal, faites le tableau avec lui, pour le rendre ludique et l'impliquer dans la démarche.

Devront y figurer les moments clés qui rythment le quotidien : le dodo, le réveil, le petit déjeuner, le départ à la crèche ou à l'école, le goûter, le bain ou la douche, le dîner, le brossage de dents, l'histoire du soir, etc.

N'en mettez pas trop, mais quand même suffisamment pour que votre enfant ait le goût de vérifier, chaque jour, qu'il a bien tout accompli. Par exemple, il peut placer une gommette sur la case de l'activité qu'il vient de réaliser.

Notre tableau de routine

	Lundi	Mardi	Mercred
Dodo			
Réveil			
Petit déjeuner			
Brossage de dents			
École			
Sieste			
Goûter			
Repas			
Bain/ douche			
Brossage de dents			
Histoire			
Bonne nuit			

à photocopier

Jeudi	Vendredi	Samedi	Dimanche

Mieux s'organiser au quotidien

Comme pour les enfants, instaurer des routines peut vous aider à déstresser. Voici quelques idées pour que les journées se passent mieux.

Mettez un réveil 15 minutes plus tôt. Vous allez moins courir, au sens propre comme au figuré. Tout sera plus zen. Vous pourrez mieux gérer. Et au fond de vous, vous savez que vous n'êtes pas à 15 minutes de sommeil près (puisque de toute façon, vous manquez de sommeil...).

La veille au soir, pensez à préparer les habits des enfants. Le cartable aussi, avec le goûter à sa place, et la trousse fermée. Il faut absolument éviter la galère de 7 h 56 : « Elle est où ta règle ? et qu'est-ce que tu as fait de ton cahier jaune ? » Non, épargnez ça à tout le monde. En préparant tout le soir, vous allez économiser 50 % des motifs d'énervement du matin.

Les joies du petit déj. Pareil aussi, le maître-mot de la zénitude du petit déj : anticiper. Mettez la table la veille, préparez les bols, le verre, l'assiette, le paquet de céréales, tout ce que vous voulez. Tout ce qui ne se maintient pas au frais doit déjà être sur la table.

Pareil pour les chaussures et le manteau. Ça aussi, ça vous a déjà bien saoulé. Mais c'est de l'histoire ancienne. Dorénavant, le manteau sera toujours au même endroit, les chaussures aussi. Quitte à les mettre devant la porte la veille au soir.

Qu'est-ce qui coince dans votre journée ?
À quel moment vous sentez-vous débordé ?

Mes bonnes résolutions d'organisation

Que pouvez-vous faire pour qu'elle se déroule plus sereinement ?

De l'art de réussir le coucher

C'est sans doute le moment où il y a le plus de tensions en famille. Voici quelques astuces qui ont fait leurs preuves.

Il est 20 h. Les enfants ont mangé. Ils sont lavés. Les dents brossées. En pyjama. Tout va bien. Vous gérez la situation. Et vous allez lancer la phrase qui va tout mettre en péril : allez hop, au lit !

Pour que ça se passe le mieux possible, vous devez tenter d'œuvrer avec stratégie et organisation. Déjà, vous allez accompagner votre enfant jusqu'à sa chambre. Ne perdez pas votre énergie à lui répéter d'aller se coucher. Sans vous, il tentera par tous les moyens de gagner du temps, d'emprunter des chemins qui vont rallonger le parcours. Avec vous, la route sera directe et le pas assuré.

Et surtout, sur le chemin du lit, parlez-lui d'une chose agréable :

- *Tu sais que demain on va à la piscine.* (Il faut que ce soit vrai, sinon ça ne marchera plus.)
- *On va lire une histoire, c'est toi qui la choisis.*
- *J'ai hâte que tu te mettes au lit pour me raconter ce que tu as fait aujourd'hui à l'école.*

En faisant cela, vous organisez un moment de calme avant le dodo, en offrant un moment d'attention entière à votre enfant, qui en a besoin. Il est très important de tout mettre en œuvre pour que le climat soit, à ce moment précis, le plus détendu possible. Oui, c'est dur. Oui, c'est le moment où vous êtes le plus fatigué, votre enfant aussi. Mais si vous réussissez à rendre ce moment cool, vous serez fier de vous.
Et votre enfant dormira mieux... et plus vite.

Comment se passe le coucher ?
Avez-vous des rituels (récit de la journée, histoire du soir, câlin...) ?

L'outil magique : la diversion

Savoir faire diversion peut vous sortir de bien des situations compliquées en évitant que votre enfant soit envahi de pensées et d'émotions envahissantes.

Certains vous accuseront de manipuler vos enfants. Alors que pas du tout. C'est exactement le même principe que de vouloir changer les idées d'un pote déprimé.

Or, vous l'avez remarqué, parfois, tout se passe bien et, en une seconde, tout part en vrille. C'est à ce moment précis que vous devez entrer en piste. L'air de rien, avoir la bonne réaction pour faire que votre enfant pense à autre chose, là tout de suite. Qu'il n'ait pas le temps de se laisser absorber par ses pensées négatives.

Mise en situation L'heure d'aller à la douche

(Valable pour un enfant pas encore trop grand, maximum 8 ans. Après, il faudra trouver d'autres subterfuges.)

Il est fatigué. Vous aussi. Vous lancez, confiant, un classique : « Allez hop, c'est l'heure de se laver ». Et là, réaction immédiate : « Non, je ne veux pas me laver ».

Je vous déconseille fortement le : « Tu viens te doucher sinon tu seras puni, sinon pas d'histoire ce soir, sinon pas de copains ce week-end. »
Ça ne sert à rien.

Plus efficace donc, la diversion : « C'est marrant que tu me dises ne pas vouloir aller à la douche, ça me rappelle un copain quand j'étais petit. T'ai-je déjà raconté ce qu'il s'était passé d'absolument incroyable avec lui ? » Là, déjà, votre enfant a oublié qu'il ne voulait pas aller à la douche. Il veut savoir. Qu'a fait ce copain ?

Vous avez pris l'avantage, profitez-en : « Viens avec moi à la salle de bains, je vais te raconter. » Et surtout, il faut embrayer tout de suite : « En fait, mon copain détestait aller à la douche, et un jour... » Et là, vous devez faire preuve d'imagination.

Attention, pas de mensonge. Votre histoire doit être trop invraisemblable pour être réelle et votre enfant doit comprendre à la fin que vous l'avez inventée. Vous lui avez raconté une histoire, à base de : « il s'est transformé en monstre-qui-pue » ou quelque chose comme ça.

Votre enfant va se marrer. Et vous, vous l'aurez lavé.
Bravo !

La diversion et vous

Utilisez-vous l'outil de diversion ?

- ❑ Jamais, je n'ai pas d'imagination.
- ❑ De temps à autre, je n'y pense pas...
- ❑ Très souvent, et d'ailleurs, c'est très utile !

Si vous avez du mal à changer de sujet du tac au tac ou si vous avez tendance à vous laisser entraîner dans l'énervement, prenez le temps à froid de trouver quelques idées pour faire diversion. Pour pourrez ensuite vous exercer à les utiliser.
Vous verrez, ça finira par devenir automatique !

Situation difficile 1 :

Idées de diversion :

Situation difficile 2 :

Idées de diversion :

Situation difficile 3 :

Idées de diversion :

Le secret pour se faire entendre du premier coup

On parle ici des demandes, des consignes que vous allez, quotidiennement, faire à vos enfants. Vous l'avez déjà constaté, ce n'est pas la quantité, mais la qualité qui compte.

L'idéal pour se faire entendre du premier coup est d'arrêter tout ce que vous faites, au moment où vous allez passer la consigne pour que votre enfant comprenne que c'est le moment pour lui de faire ce que vous attendez. Cela ne veut pas dire qu'il doit lui, au moment où vous lui donnez le programme, tout cesser dans la seconde. Mais il doit vous sentir pleinement investi.

N'hésitez pas donc à le prévenir. Dans 5 minutes, tu rangeras tes dessins, et on passera à table. 5 minutes plus tard, vous l'aidez à ranger ces dessins. Plus de négociation possible, il doit comprendre que ça y est, il est l'heure de passer à table.

Mise en situation — Se laver les mains avant le dîner

C'est le soir, vous allez passer à table. Vous répondez à un SMS tout en mettant la table et vous lancez à votre fille : « Tu vas te laver les mains ». Vu le peu de conviction que vous avez mis dans l'affaire, elle a à peine saisi votre demande et va continuer son occupation du moment.

Vous vous rappelez que vous avez une machine à étendre avant de commencer le repas. Alors, entre deux chaussettes (dépareillées, forcément), vous revoilà à demander à votre fille : « Tu vas te laver les mains, hein ! Je compte sur toi ». Sauf que vous êtes à l'autre bout de l'appartement, votre fille vous a à peine entendu.

Non, oubliez tout ça, simplifiez les choses. Vous allez voir votre fille, vous vous plantez devant elle, sûr de vous, et vous dites, en une fois, et en y croyant vous-même : « Hop, on va se laver les mains, le repas est prêt. »

Quitte à l'accompagner à la salle de bains et à vous laver les mains avec elle si besoin (ça dépend de l'âge de l'enfant, mais montrer l'exemple, ça peut marcher avec les plus petits). Vous y croyez vous-même, et elle y croit donc. Elle se lave les mains. Et évite du coup la gastro. C'est comme dans un rêve.

À vous d'essayer !

La prochaine fois que vous attendez quelque chose de votre enfant, allez le voir, assurez-vous d'avoir son attention, puis formulez votre demande clairement. Que constatez-vous ?

Partie 3

La discipline positive : éduquer sans cris ni punitions

Bien formuler ses demandes grâce à la discipline positive

La discipline, on voit ce que c'est. On a tous en tête les images du film Les Quatre Cents Coups de Truffaut. La discipline positive, bonne nouvelle : ce n'est pas ça. Pas du tout ça.

La discipline positive s'appuie sur les principes d'Alfred Adler, célèbre psychothérapeute autrichien, inventeur de la psychologie individuelle, et ~~pote~~ contemporain de Freud. Une mère de famille, Jane Nelsen, elle-même psychologue et mère de 7 enfants a un jour plongé son nez dans ses travaux, qu'elle a rendu concrets *via* des ateliers et des outils destinés à tous les parents.

L'idée de discipline positive est de se concentrer sur le lien entre le parent et l'enfant. Dans ces ateliers, les parents vont apprendre à réagir dans toutes sortes de situation *via* :

- la bienveillance évidemment,
- la fermeté (on rassure les sceptiques),
- la coopération (l'enfant et le parent travaillent main dans la main),
- le sentiment d'appartenance (l'enfant doit se sentir impliqué, doit comprendre que son avis compte).

Mise en situation — S'habiller pour sortir

Le matin, tous les parents du monde ont connu ce moment délicat où ils vont lancer à leur enfant : « Mets tes chaussures, mets ton manteau. »

La discipline positive, pour cette situation classique, consisterait à dire à son enfant : « Bon, on va sortir, à ton avis, qu'est ce que tu dois mettre, qu'est-ce que tu ne dois pas oublier avant de sortir ? »

Soyez sûr qu'il va capter tout de suite, et se sentira fier d'apporter la bonne réponse. Par ailleurs, vous n'aurez pas eu besoin de vous exténuer à répéter 25 fois la même chose.

Il y a eu, dans cet exemple, de la bienveillance, de la fermeté, de la collaboration et ce sentiment d'appartenance.

Entraînez-vous à reformuler !

Ne dites plus...	mais plutôt...
Mets ton manteau.	Tu dois mettre quoi avant de sortir ?
Va te coucher.	Pour être en forme demain matin, il est temps de quoi, à ton avis ?
File dans le bain.	T'as beaucoup transpiré à l'école... Comment faire pour que tu redeviennes tout propre ?
Mets la table.	Le repas est prêt... Que pourrais-tu faire pour qu'on puisse se mettre à table plus vite ?
Mange tes légumes.	À ton avis, il faut manger de quoi, pour être en pleine forme ?
Fais tes devoirs.	
Ne parle pas la bouche pleine.	
Brosse-toi les dents.	

La fessée : plus jamais

Toutes les études sont d'accord : la violence n'apporte jamais rien de bon, quel que soit son degré.

« Et attends, moi j'en ai pris, des fessées, quand j'étais petit… Ça ne m'a pas traumatisé. »

« Une petite torgnolle, ça remet les idées en place. »

« Une claque sur les fesses, ça n'a jamais tué personne. »

Aujourd'hui, une grande majorité des parents (plus de 60 %) reconnaît avoir recours aux « punitions corporelles ». Sans distinction de catégorie socio-professionnelle, d'origines ou autres. Le point commun de ces parents est bien souvent d'avoir eux-mêmes, enfant, subis ces « violences éducatives ».

Quiconque a décidé de ne jamais lever la main sur son enfant, et de le revendiquer en public, a déjà entendu l'une de ses phrases. Voire, s'est déjà fait remarquer, sur le mode : « Tu vas en faire des casse-c… de tes gosses, si tu ne leur montres pas de temps en temps qui est le patron. »

Tenez bon, n'écoutez pas ces gens. C'est vous qui êtes dans le vrai. Et vos enfants, ils savent, qui est le patron.

Alors, évidemment, il faut différencier la petite fessée occasionnelle de la maltraitance. Mais dans les deux cas, l'un des effets, sur votre enfant, sera de lui mettre dans la tête que la violence peut résoudre des situations. Qu'en frappant, on obtient ce que l'on veut.

Ce sera compliqué, après, de lui en vouloir, si vous apprenez qu'il a mis des coups de coude à son camarade de maternelle. De plus, un enfant qui a eu des fessées aura plus tendance qu'un autre à en mettre à son tour.

Certains parents sont aussi convaincus des effets bénéfiques des punitions corporelles. Or ça, la science s'est penchée sur le sujet et est catégorique : ce n'est pas le cas. Alors, non, « une petite torgnolle, ça ne remet pas les idées en place ». Au contraire, ça peut dérégler l'ensemble.

De nombreuses recherches internationales ont prouvé que ces violences ont, à long terme, des conséquences traumatiques sur la santé mentale et physique des enfants. Par exemple, une étude publiée dans la revue *Pediatrics* en 2013 a conclu que l'on pouvait attribuer aux punitions corporelles de 6 à 12 % des troubles psychiatriques de la population. C'est énorme.

Se détacher de la punition corporelle

(Si vous n'avez jamais porté la main sur votre enfant, vous pouvez passer à la page suivante.)

La dernière fois/les dernières fois que vous avez infligé une punition corporelle, que s'était-il passé ?

Avez-vous réagi ainsi :

- ❑ Instinctivement, sous le coup de la colère, sans pouvoir retenir votre geste
- ❑ Volontairement, en guise de punition

Avez-vous pris le temps d'expliquer à l'enfant en quoi son comportement était inacceptable (parfois, ça vous semble évident, mais ça ne l'est pas pour lui) ?

❑ Oui ❑ Non

Que pouvez-vous mettre en place pour changer votre manière de réagir ?

- ❑ Travailler sur mes émotions pour ne pas me laisser embarquer par la colère (méditation, relaxation, etc.)
- ❑ Faire comprendre calmement à l'enfant pourquoi son comportement est inacceptable
- ❑ Si le comportement est récurrent, comprendre d'où il peut venir / ce que l'enfant cherche à exprimer

À qui pouvez vous parler de cela ?

- ❑ Le pédiatre / médecin de famille
- ❑ Vos amis
- ❑ Vos parents
- ❑ Vos frères et sœurs...

Rien ne sert de crier

Évidemment. La question est plutôt de savoir : peut-on réussir à ne jamais gueuler ? Et là, l'auteur de ces lignes peut en témoigner : c'est compliqué.

Il faut réussir à garder en tête que de crier ne règle rien et que votre enfant ne vous écoutera pas mieux une fois le savon passé.

C'est donc surtout sur nous-mêmes que nous devons travailler, pour éviter d'être poussé à bout et de hurler. Comment faire ?

Désamorcer les crises

Dès que vous sentez que ça part en vrille, que votre enfant est submergé d'une émotion négative (ou qu'il devient chiant, pour le dire autrement), essayez de désamorcer la crise. Une méthode efficace est de tenter la diversion (pour plus de détails, on en parle page 34).

Manier l'humour

Ça marche bien aussi. Votre enfant se roule par terre car il ne veut pas aller se coucher : faites le pitre. Dites-lui que vous êtes en train de vous transformer en licorne qui couche les petits. Prenez-le dans vos bras, imaginez un bruit de licorne folle, et courrez dans la chambre. Sa colère aura disparu, il va se marrer. La crise est éteinte avant d'avoir réellement commencé.

Avez-vous des astuces amusantes pour vous faire écouter ? Lesquelles sont les plus efficaces ?

Aimeriez-vous en tester d'autres ?

Parole d'enfant

En fait, les parents bienveillants c'est ceux qui tapent pas sur leurs enfants. Et puis ils font des câlins à leurs enfants, ils les écoutent quand ils pleurent et quand ils font des colères, ils les consolent. C'est ça.

Roméo, 5 ans

Comment réagir quand il fait une bêtise

En cas de bêtise, échappez à la tentation de généraliser et cherchez à répondre uniquement à la bêtise.

C'est une règle que l'on devrait tous s'imposer d'appliquer : quand un enfant fait une bêtise, casse quelque chose, dit un mensonge ou un gros mot, bref, quand il fait une connerie, jugez la connerie, et non l'enfant.

Ne généralisez pas

Ne dites pas : tu es un menteur (par exemple). Mais plutôt, pourquoi as-tu menti ? Ou alors : penses-tu vraiment que cela sert à quelque chose de mentir ? (Si ce n'est pas acquis, retournez glaner des conseils sur la formulation grâce à la discipline positive, **p. 40**.)

Pareil si vous le surprenez à se servir de bonbons dans la cuisine, alors qu'il sait qu'il n'a pas le droit. Il n'est pas un voleur, mais il doit comprendre qu'il faut respecter les règles de la maison.

Le risque, en le jugeant lui, est de l'enfermer dans cette identité de menteur de voleur, de méchant. Et qu'à force, il se convainque lui-même qu'il l'est effectivement.

Si vos paroles dépassent vos pensées, montrez l'exemple en lui présentant vos excuses

Bon, il faut le reconnaître, c'est très difficile de ne jamais fauter. S'il tire les cheveux de sa sœur, vous aurez sans doute du mal à garder pour vous le « tu n'es pas gentil » qui vous brûle les lèvres. Si vous le réalisez, après coup, il y a une chose toute simple qui fonctionne bien : retournez voir votre enfant, à froid, et excusez-vous. Ça ne mange pas de pain, votre autorité n'en prendra pas un coup, mais ça apaisera immédiatement le climat : « Bon, je t'ai dit que tu étais méchant, mais je ne le pensais pas. En revanche, ce que je crois, c'est que tu ne dois plus faire ça, car ça ne te ressemble pas de lui faire mal. »

Emballez c'est pesé, fin de la polémique, vous avez géré avec 100 % de bienveillance l'épisode tirage de cheveux.

Parole d'enfant

Pour moi un parent bienveillant, c'est un papa ou une maman qui ne crie pas. Ou alors seulement quand son enfant a fait vraiment une grosse bêtise, comme dessiner sur les murs ou couper les cheveux de sa sœur. Mais pour les petites bêtises, comme manger des bonbons en cachette, il ne crie pas trop.

Mattéo, 8 ans

Jauger sa bêtise : le temps de pause

La psychologue Béatrice Sabaté, qui a adapté le livre de Jane Nelsen sur la discipline positive, vante les vertus du « temps de pause » en cas de crise ou de bêtise.

Votre enfant est dans le salon, il joue et tout à coup : il crache par terre. N'essayez pas de le raisonner tout de suite. Ne perdez pas votre calme. Prenez-le par la main, emmenez-le dans son espace « temps de pause », sa chambre, une chaise ou autre. Il doit comprendre que vous êtes là, à ses côtés, pour lui faire comprendre qu'il ne faut pas cracher. Une fois qu'il sera installé, demandez-lui pourquoi il a fait ça. Accompagnez-le dans son raisonnement. Le tout prend un peu de temps, mais c'est payant.

Ensuite, il sera temps de réparer cette bêtise. Sur cet exemple précis, c'est assez simple : c'est lui qui va nettoyer le petit crachat.

Cela peut paraître long et fatiguant. Mais ça le serait beaucoup plus de se contenter de crier.

Choisissez un espace « temps de pause » avec votre enfant.

Il faut que l'enfant puisse l'identifier comme un lieu-ressource.

Testez le « temps de pause » lors des prochaines crises ou bêtises.

Que constatez-vous ?

Il a mordu, c'est grave docteur ?

Bon, s'il a 18 ans et qu'il vous mord, oui, on peut considérer que c'est grave. Mais s'il a moins de 4 ans, on se rassure.

Déjà, il n'est pas le premier, ni le dernier. C'est un comportement fréquent.

Mordre est bien souvent une réaction de colère. Il ne va pas réussir à gérer sa frustration, quand vous lui dites non pour quelque chose, et le seul moyen qu'il trouvera pour réagir, sera douloureux. Il va vous mordre.

Les spécialistes parlent d'instinct archaïque. Le Dr Gilles-Marie Valet apporte un éclairage intéressant : « Mordre imite le fait de manger, comme pour satisfaire un besoin insatiable. »

Quand vous ou moi avons une angoisse, on s'enfile un pot de Nutella®. Lui croque un bout de son papa.

L'important : réagir immédiatement

Votre enfant doit comprendre que c'est intolérable, très douloureux, et que les humains ne se comportent pas ainsi. Vous devez donc marquer le coup, qu'il comprenne qu'il est allé trop loin. Ne laissez pas passer la première morsure. Ça pourrait devenir une sale habitude.

Témoignage Éric, papa d'Ella, 7 ans

Ma fille devait avoir 2 ans. Je la sors du bain, l'emballe dans la serviette direction sa chambre, pour la mettre en pyjama. Je me souviens que je jouais au monstre, ça la faisait beaucoup rire. Tellement rire que, sorti de nulle part, elle s'est mise à me mordre, de toute ses forces, sur le haut de l'épaule. J'ai cru qu'elle m'avait arraché un bout de peau. Je me souviens de la douleur comme si c'était hier. J'ai évidemment crié, elle a eu peur et j'ai vu qu'elle ne comprenait pas pourquoi je réagissais comme ça. On a eu une grande explication, et elle ne m'a plus jamais mordu. Heureusement pour moi.

« Toute méchanceté vient de faiblesse ; l'enfant n'est méchant que parce qu'il est faible ; rendez-le fort, il sera bon. »
Jean-Jacques Rousseau

Poser des cadres fermes et bienveillants

L'éducation bienveillante, ce n'est pas une absence totale d'autorité. Au contraire, les enfants ont besoin de structure pour se sentir en sécurité.

Il ne faut pas confondre autoritarisme et autorité. L'éducation, c'est aussi faire comprendre à l'enfant qu'il existe des limites à ne pas franchir et des règles de vie à respecter en société et en famille. Être bienveillant avec un enfant, ça ne veut pas dire lui laisser tout faire. Au contraire, pour se développer, l'enfant a besoin d'un cadre, sinon quelle angoisse pour lui !

Quelques conseils

- Expliquez-lui les règles clairement – en général, un enfant peut comprendre beaucoup plus que vous ne le pensez.
- Ne multipliez pas les règles, sinon votre enfant sera perdu.
- Répétez les règles avant une sortie, une activité, une visite, etc.
- Ne dites pas « non » tout le temps : parfois, il s'agit simplement d'une question de formulation (Au lieu de : *Non, ne mange pas avec les doigts*, dites plutôt : *Je préfère que tu utilises ta fourchette*. Ou encore mieux : *Qu'est-ce que tu dois utiliser pour manger en gardant les mains propres ?*)

Retrouvez les bonnes habitudes à mettre en place dans la partie 2 page 26.

Coopération et autodiscipline

Si l'enfant se sent en sécurité et aimé, il aura d'autant plus envie de participer à la vie de famille, et plus il deviendra autonome.

Vous l'aurez peut-être remarqué, le petit enfant a souvent envie de participer au quotidien de la maison : « Je veux t'aider maman ! » Ne lui dites pas systématiquement non. Bien sûr, il y a certaines choses qu'il ne peut pas encore faire, mais essayez de l'inclure le plus possible dans vos activités. Sinon, il risque de se sentir rejeté, de penser qu'il n'est pas capable, que vous ne lui faites pas confiance.

Se sentir responsable

En le laissant coopérer (prévoyez des taches correspondant à son âge – même les plus petits peuvent participer sur des choses toutes simples, comme mettre des légumes dans une casserole !), il se sentira reconnu, développera son autonomie et son sentiment d'appartenance.

Renforcer la coopération

Quelles sont les activités que vous pouvez confier à votre enfant ? Il peut s'agir de taches qui vous semblent insignifiantes, mais votre enfant sera content de se sentir utile.

Oubliez les punitions

Tout comme crier ou donner une fessée est contre-productif, la punition classique (file dans ta chambre, tu seras privé de dessert, etc.) ne sert à rien. Elle met l'accent sur l'échec et/ou met en relation deux choses qui n'ont rien à voir.

Dès que c'est possible, laissez l'enfant réparer son erreur : s'il a renversé un verre d'eau, à lui d'aller chercher une éponge et essuyer la flaque. Cela va le responsabiliser et la prochaine fois, il prendra l'initiative d'agir en conséquence.

Laissez-le essayer

Comme tout apprentissage, on ne réussit pas du premier coup. Soyez patient et permettez à votre enfant d'essayer (pour remplir un verre d'eau par exemple, il risque de le faire déborder un paquet de fois !). Valorisez l'effort et l'envie de faire, même si le résultat n'est pas ce que vous attendiez, ce n'est pas le plus important !
Et surtout, soyez patient et retenez votre impulsion de faire à sa place pour aller plus vite. Il a besoin de ce temps pour expérimenter et apprendre.

« N'aide jamais un enfant dans une tâche à laquelle il sent qu'il peut réussir. »
Maria Montessori

Valoriser l'effort

Comment pouvez-vous donner envie à votre enfant de particper à la vie de la famille ?

Partie 4

Les conseils pour être un parent bienveillant

Mimétisme chez l'enfant : à vous d'être le bon modèle

Que vous le vouliez ou non, en tant que parent, vous êtes le modèle que votre enfant va chercher à imiter.

Dès ses premiers mois, un bébé va imiter. Ses parents ou ses frères et sœurs, ce sera son moyen de communiquer. Au début, ça passe par des sourires reproduits, des petits cris, des éclats de rire, etc.

Plus tard, l'enfant va continuer d'imiter ses parents, sous forme de jeu. En jouant à la cuisine comme papa. En lisant (sans savoir lire) un journal comme maman. En faisant semblant de téléphoner comme son grand frère, etc.

Mais il va aussi, dès l'acquisition du langage, utiliser les mêmes mots que ses parents. D'où l'importance d'être irréprochable et de gommer vos mauvaises habitudes. Les gros mots, fini. Les insultes au volant, derrière vous. Cracher par terre, sûrement pas. Les doigts dans le nez, pareil.

Sans cela, il ne faudra pas s'étonner de voir votre petit faire comme vous. Et ne pas comprendre que vous lui reprochiez d'avoir dit « merde », alors que vous le dites vous-même beaucoup (comme tout le monde, en fait, mais votre enfant ne doit pas le savoir).

Ceci est valable pour tout, durant les premières années de sa vie. Mais également, et surtout, pour ce que vous souhaitez le voir reproduire.

Je montre l'exemple

Faites la liste des gros mots et des comportements dont vous souhaitez vous débarrasser :

Faites la liste de comportements modèles à renforcer :

Les phrases à bannir

Vous l'avez compris, qui dit éducation bienveillante dit absolue nécessité de ne jamais humilier.

Les parents que nous sommes devons donc faire un effort pour ne jamais utiliser ces expressions qui peuvent laisser des traces. Et qui ont des alternatives.

Bannir les jugements définitifs

Tu es nul. Tu es lent. Tu es un bon à rien. Tu ne comprends rien.

De toute façon, tu n'es pas doué pour les maths...

À l'évidence, tu ne seras jamais un sportif...

À trop le répéter à votre enfant, il va croire que c'est vrai. Il n'a pas encore la maturité pour comprendre que vous dites sous l'effet de la colère. Qui vous dit que demain, il ne voudra pas s'y mettre à fond, aux maths ? Et s'il a entendu toute son enfance qu'il était plutôt littéraire, forcément, il va l'intégrer. Et le croire.

Au contraire, encouragez-le dans tous ses efforts. C'est ça le plus important (voir partie 5, **p. 68**).

N'exagérez pas

S'il est fondamental d'encourager et de soutenir votre enfant, méfiez-vous des phrases excessives et des superlatifs, par exemple : *tu es trop fort, tu es le meilleur, t'es le plus beau, t'es un génie, etc.* À trop lui dire qu'il est le meilleur, votre enfant va penser qu'il l'est, le meilleur, ou bien il ne vous croira pas et sa confiance en vous sera altérée.

Ne pas culpabiliser

Le fameux « à cause de toi » qui a de nombreuses variantes. *On est en retard à cause de toi. On a passé une mauvaise soirée à cause de toi. C'est le bazar ici à cause de toi.*

Cesser les injonctions

Arrête de pleurer, tais-toi, calme-toi, ressaisis-toi.

Bon, ce n'est pas simple de ne jamais lâcher un « calme-toi », mais mettez-vous à sa place. Si vous êtes très énervé, après avoir subi une injustice, au travail par exemple, et que votre collègue se contente de vous dire d'un ton sec et ferme : « Calme-toi. » Est-ce que ça va vous calmer ? CQFD.

Souvent, il suffit simplement d'écouter l'émotion de l'enfant pour régler le problème (voir partie 6, **p. 77**).

Éviter les formes négatives

Dans l'idéal, il ne faudrait jamais dire à un enfant : *ne fais pas ceci* ou *ne fais pas cela*. Pour la simple et bonne raison qu'il entendra : *fais ceci* ou *fais cela*.

Plutôt que de dire : *ne marche pas dans le salon avec tes chaussures* (il entend *salon* et *chaussures*), essayez plutôt la version : *dans le salon, mets tes chaussons.*

En plus, on est quand même mieux dans des chaussons que dans des chaussures. Non ? Mince, je dois vieillir pour me dire ça. Pardonnez-moi ces confidences inappropriées.

Ne pas prédire un malheur

Ce n'est pas parce que vous avez peur de quelque chose que cela va arriver.

Attention, tu vas te faire mal, tu vas tomber, tu vas casser ta chaise, tu vas glisser.

Évidemment, ça part d'une bonne intention. Mais là aussi, le petit cerveau de votre enfant va entendre *tu vas* et *tomber*. Et pas le *attention* qui est avant.

Inscrivez ici les phrases que vous ne voulez plus prononcer

Écrire ces phrases pourra vous aider à vous fixer des objectifs.

Commencez par en écrire 3.

-
-
-

Quand vous aurez réussi à ne plus les prononcer, ajoutez-en 2 nouvelles, puis encore 2, etc.

-
-

Dans 1 mois, plus aucune phrase qui vous fera culpabiliser après ne sortira de votre bouche, c'est promis (hum hum).

Parole d'enfant

En fait, un parent bienveillant, il est gentil avec ses enfants, il les aide et si son enfant à un problème à l'école, il l'aide à le résoudre. Il prend rendez-vous avec la maîtresse pour en parler par exemple. Et aussi il ne menace pas ses enfants.

Lola, 7 ans

Arrêtez de vous comparer !

Voilà un conseil fondamental pour vous aider à devenir bienveillant avec vous-même et à regagner confiance en vous.

Se remettre en question, c'est bien, mais se comparer tout le temps, ça n'apporte rien de bon !

Depuis toujours, on a pris l'habitude de se comparer. Or, en tant que parent, la comparaison penche souvent en notre défaveur et va grignoter notre confiance en nous (souvent pas facile à entretenir). Si on regarde le voisin pour s'inspirer de ce qu'il fait de bien, pourquoi pas.

Mais soyons honnête, c'est plus souvent l'occasion de s'autoflageller que de progresser. Et avec les réseaux sociaux, c'est encore pire, car on oublie bien souvent que ce n'est pas la réalité mais une mise en scène.

Si vous n'êtes pas sur Instagram, alors vous pouvez lire avec délectation ce qui suit. Vous aurez une idée de ce à quoi vous échappez.

L'auteur de ces lignes précise être lui-même sur Instagram, et devrait s'appliquer ses propres conseils, à l'évidence.

Conseil Dites adieu à Instagram

Si vous avez eu la mauvaise idée de vous abonner aux comptes Instagram des influenceurs et autres bloggueurs qui vivent des photos qu'ils postent de leurs enfants, mon conseil est simple : arrêtez. Tout de suite. Ils vous font du mal.

Vous Vous galérez à sortir du lit à 7 h 20 du matin. Vous aviez programmé votre réveil à 6 h 30. Vous l'avez décalé à 6 h 45. Puis 6 h 55. Puis 7 h 10. Puis 7 h 20. Enfin, vous vous tirez non-sans-difficulté de votre lit.

L'influenceur Poste une photo de lui qui fait du yoga à 5 h 45 du matin. Il dit être heureux, bien dans son corps et l'âme en paix. En commentaire, il écrit : toujours prendre un peu de temps pour moi avant de réveiller mes amours.

Effet sur votre moral Négatif. En voyant sa photo à 7 h 21, vous allez souffrir. Vous sentir un peu nul. Désabonnez-vous et laissez-le à son yoga relou.

Vous À 7 h 27, vous vous faites couler un café et préparez en quatrième vitesse le petit déjeuner des enfants. Ce sera céréales-trop-sucrés pour tout le monde. Pas de jus d'orange, il n'y en a plus. En revanche, vous êtes content, il reste une banane. Les enfants se la partageront. Bon, certes, elle a un peu noirci mais, vous en êtes convaincu, elle reste comestible.

L'influenceur 6 h 48, photo de la table de cuisine. Jus de goyave frais. Pain fait maison. Salade de fruits. Trois confitures différentes. Bio, évidemment. Fromage frais et omelette dans l'assiette.

Effet sur votre moral négatif. Envie d'aller mettre le feu chez l'influenceur.

Vous Vous exigez de vos enfants qu'ils fassent leur lit avant de partir à l'école. Ils s'exécutent (victoire), mais laissent tout de même leur chambre dans un très sale état (pas victoire). Des livres par terre, un Lego® éventré, des peluches partout, des feuilles et des feutres (sans le capuchon) aux quatre coins de la pièce. Bref, dans leur chambre, c'est le bordel.

L'influenceur Poste une photo de la chambre de ses fils. Le lit est fait au carré. Il y a un petit tipi d'indien au fond. Un tapis tout blanc, parfaitement propre. La collection de Playmobil® est rangée harmonieusement sur une étagère dédiée. Il ne manque aucune pièce. Tous les bonshommes ont encore leurs chapeaux.

Effet sur votre moral négatif. Envie d'envoyer vos enfants cinq petites minutes pour défoncer cette chambre témoin. Vous vous accablez de tous les maux : je n'ai pas d'autorité, mes enfants sont bordéliques, je ne range pas assez, etc.

Mais qui vit vraiment dans ces photos de toute manière ? Libérez-vous et fuyez Instagram qui vous abreuve d'images de perfection fantasmée qui n'existent que le temps d'une photo à la mise en scène calculée.

Focalisez-vous sur ce que vous êtes plutôt que sur ce que vous n'êtes pas… Vous avez des tas de qualités, quelles sont-elles ?

Reconnaître ses erreurs

Ce n'est pas parce que vous reconnaissez avoir eu tort que vous perdez votre autorité. Bien au contraire, vous montrez l'exemple en vous remettant en question.

Vous le savez, de temps en temps, vous râlez/reprochez/vous énervez... pour rien. Pas toujours, bien sûr. Mais soyons franc : ça nous arrive à tous.

Quand c'est le cas, nous devons réussir à accepter de descendre de notre piédestal et reconnaître que nous nous sommes trompés. Personne n'est infaillible, pas même vous.

Par cette démarche, vous prouvez que vous êtes capables d'accepter vos erreurs et de demander pardon. N'oubliez pas qu'en tant que parent, vous êtes un modèle pour votre enfant. Au lieu de craindre pour votre autorité, dites-vous plutôt que vous êtes en train de montrer l'exemple.

Mise en situation — De l'importance d'écouter !

Vendredi matin, vous êtes de bonne humeur, ce soir, c'est le week-end. Votre enfant vous demande :

– Papa, je pourrais regarder un dessin animé, ce soir avant d'aller me coucher ?

Écoutant à moitié, vous êtes concentré et planifiez votre journée :

– Mais bien sûr, avec plaisir.

L'enfant continue dans ses demandes :

– On pourrait peut-être se faire une pizza ?

– Oui, oui.

Votre enfant est heureux de ces promesses.

Arrive le soir. Vous avez eu une journée insupportable. Vous êtes claqués. Vous n'avez qu'une envie : coucher votre enfant et profiter avec votre moitié d'un bon film (ou d'une bonne bouze) à la télé, tout en mangeant un reste de pate pas forcément réchauffé. Vous faites état du programme à votre enfant qui – lui – n'a pas oublié vos promesses du matin. Vous, plein de bonne foi :

– Jamais je ne t'ai promis un dessin animé. Et quoi ? une pizza, tu rêves mon grand !

Évidemment, votre enfant va mal vivre cette réponse. Les spécialistes consultés pour cet ouvrage parlent de « pétage de câble de l'enfant ». Vous vous énervez, vous l'envoyez dans sa chambre. Là, votre moitié vient discrètement vous rappeler que si si, vous avez bien promis tout ça.

C'est à ce moment que vous devez reconnaître vous être trompé. Pas besoin d'en faire des tonnes. Allez voir l'enfant d'un pas ferme mais ouvert. Et lâchez-vous, sans trop vous flageller pour autant :

– Bon, écoute, t'avais raison. Je me suis trompé. Je t'ai bien promis ça. Je suis désolé, et je m'excuse de t'avoir crié dessus ce soir.

Voilà, 4 phrases qui ne remettent pas en cause votre autorité, mais qui mettent un peu de justice dans votre foyer. Votre enfant sera rassuré de voir la vérité triompher. Et vous, vous serez bon pour aller à la pizzeria et regarder *Moi Moche et Méchant*.

De toute façon, il n'y avait rien à la télé ce soir.

Quiz : Reconnaissez-vous facilement vos erreurs ?

1. De manière générale...

■ Vous avez toujours raison.

● Il vous arrive d'avoir tort.

★ Vous avez très souvent tort.

2. Quand vous faites une erreur (tout le monde est humain !)

★ Vous vous confondez en excuses.

■ Vous trouvez un moyen pour ne pas avoir à vous excuser.

● Vous demandez pardon sincèrement.

3. Reconnaître une erreur envers ses enfants, c'est :

● Normal, on montre l'exemple.

★ Très souvent, je m'excuse en permanence.

■ Jamais, c'est signe de faiblesse.

4. Une erreur, c'est

■ Quelque chose qui ne devrait pas se produire.

★ On a essayé, mais on aurait pu mieux faire.

● Une expérience, et toute expérience est bonne à prendre !

Résultats

Vous avez une majorité de ■

Ce n'est pas une faiblesse de reconnaître ses erreurs, même si cela semble difficile pour vous. Est-ce que ça a toujours été le cas ? Essayez de considérer cette démarche avec un regard différent et positif (c'est faire preuve d'honnêteté, de lucidité, de force de caractère).

Vous avez une majorité de ●

Vous semblez avoir trouvé le bon équilibre. Vous avez compris qu'un enfant est avant tout une personne.

Vous avez une majorité de ★

Êtes-vous sûr que vous n'assumez pas aussi les erreurs des autres ? Attention à ne pas tomber dans l'excès : je vous conseille de renforcer votre confiance en vous (voir p. 64), je suis sûr que vous êtes un superpapa ou une supermaman !

Vos bonnes résolutions

Accepter d'être imparfait

Vous savez quoi ?
Un parent parfait, ça n'existe pas.
Alors, apprenons à nous réconcilier avec nos faiblesses…

Ce qui est valable pour nos enfants l'est aussi pour nous. S'il est admis que parfois, ils se trompent, font une bêtise ou agissent mal, c'est au moins autant le cas pour nous, les parents.

Il faut accepter de ne pas être un parent parfait. D'avoir aussi ses fragilités, ses moments de fatigue, ses moments de perte de patience.
Vous pouvez d'ailleurs l'expliquer à votre enfant :

Tu sais, ce soir, je suis très fatigué. Je n'ai pas la patience nécessaire pour te répéter les choses 10 fois.
J'ai besoin que tu m'aides.

Normalement, ça marche. Ne lui faites pas pitié non plus, il faut savoir user de cette franchise avec parcimonie et mesure.

En devenant parent, il faut le savoir, on va culpabiliser. Pour tout, et tout le temps. On pensera toujours que l'on aurait pu, et dû, faire mieux. Mais il ne faut pas oublier que l'éducation, ce n'est pas de la séduction. Il faut donc aussi savoir s'écouter, en tant que parent (ça fait phrase bateau, mais c'est vrai).

Si votre curseur de bon parent est au plus bas, n'hésitez pas à demander des conseils à vos proches, vos parents, ou autre. Dans l'idée de demander à des gens bienveillants qui vont vous remonter le moral,
en vous expliquant que vous êtes un SUPERPARENT.
Mais que c'est normal que vous en doutiez parfois.

« Être parent est l'un des emplois les plus difficiles sur terre. »
Jennifer Aniston

D'ailleurs, elle dit « l'un des emplois les plus difficiles ». Qu'y a-t-il avant ? Qu'est-ce qui est plus dur que ca ? Si, Jennifer, vous lisez ce livre, j'attends votre réponse.

Soyez fier de vous

Il est aussi bon, parfois, de s'arrêter
et de prendre le temps de se dire qu'on assure.

En tant que parent, on doute, on s'interroge, on culpabilise, on se remet en question. On a nos défauts, on fait comme on peut, mais on assure. Il est bon de se le rappeler de temps en temps !

Notez ici tout ce qui fait que vous êtes un bon parent.
À quel moment êtes-vous fier de vous, en tant que parent ?

MAMAN

Partie 5

Objectif : lui donner confiance en lui

Réveillez le Didier Deschamps qui sommeille en vous

Pour renforcer la confiance en soi de votre enfant, un mot-clé : encourager.

Vous avez remarqué, pendant la dernière coupe du monde ? À chaque gros plan des caméras sur le sélectionneur des Bleus, il passait son temps à féliciter ses joueurs. À les encourager à continuer. À lever le pouce, même quand l'action n'était pas top.

Être sélectionneur, c'est un peu être le papa (ou la maman) des joueurs.

Notre job à nous est un peu le même. Il faut les mettre en confiance et les encourager à faire mieux. Mais ne pas les dévaloriser.

Il ne faut pas hésiter à leur dire quand ce qu'ils ont fait est bien. Que c'est mieux que la veille. Qu'ils progressent. Pour leur donner le goût de l'effort.

Bon, alors c'est vrai : les enfants dessinent beaucoup, et c'est pas du Picasso à tous les coups. Mais ce n'est pas grave. N'hésitez pas à leur dire, avec vos mots, que c'est bien, qu'ils sont créatifs, notamment en décrivant ce que vous voyez. Ils doivent sentir qu'à vos yeux, ils sont sur la bonne voie. Le pire serait de leur mettre dans la tête que telle chose n'est pas pour eux.

Donc oui, encouragez-le. Mais n'oubliez pas la deuxième étape, qui va avec : encouragez-le à continuer ses efforts. Qu'il ne pense pas non plus que ça y est, il est le meilleur peintre du monde et qui fera forcément carrière.

Une émission de télévision à regarder avec votre enfant : Top Chef (pas avant 4 ans...)

Cette émission fait rêver. Les plats donnent envie. Les chefs sont créatifs. Et les coachs sont motivants. Mais surtout, cette émission met en avant une chose : les vertus du travail. C'est en travaillant qu'on atteint l'excellence. Avant de maîtriser toutes les subtilités du pithiviers de canard, il faudra aux candidats des heures et des heures d'essai, de test, de perfectionnement. En un mot, de travail. Votre enfant, en découvrant cette émission, le comprendra aisément. Et si demain, il devient le nouveau Philippe Etchebest, qui va se régaler lors des repas de famille ? C'est toi, mon ami !

Quiz : votre enfant a-t-il confiance en lui ?

Cela devrait vous donner une idée de la confiance qu'il ou elle a en lui et vous donner des idées pour la renforcer.

Prenez un quart d'heure avec votre enfant, installez-vous confortablement et posez-lui ces questions simples. Notez ses réponses telles qu'elles.

Quelle est ta principale qualité ?

Quel est ton principal défaut ?

Qu'est-ce que tu aimerais apprendre à faire ?

Que sais-tu le mieux faire ?

Où aimerais-tu progresser ?

Que veux-tu faire plus tard ?

Qu'est-ce qui t'as rendu le plus fier de toi dans ta vie ?

Qu'est ce que tu aimerais le plus faire dans ta vie ?

Découvrir ses ressources cachées

En affrontant ses peurs avec vous, votre enfant va découvrir qu'il a plus de ressources qu'il ne pense.

Remplissez le tableau suivant avec votre enfant. Pour chaque peur identifiée, demandez-lui comment il compte la vaincre, et aidez-le à identifier ses ressources s'il a du mal. Avec de la pratique, ça lui viendra de plus en plus facilement et il gagnera en confiance.

« L'important c'est qu'un enfant puisse toujours dire ce dont il a envie, mais pas toujours le faire. »
Françoise Dolto

De quoi votre enfant a peur ?

Comment il compte vaincre cette peur ?

Écouter ses questions et tâcher d'y répondre

Le philosophe Frédéric Lenoir est persuadé que nos enfants sont les plus grands philosophes du monde. Ils ont quelque chose que l'on perd avec le temps : notre capacité à nous étonner de tout, et tout le temps.

Vous le constatez forcément, vos enfants sont capables de se passionner pour des choses qui vous semblent futiles. Mais qui sont, à bien y réfléchir, essentielles.

Pourquoi tombe-t-on amoureux ?

Pourquoi doit-on travailler ?

Comment devient-on heureux ?

Qu'est-ce qu'une vie réussie ?

Pourquoi y a-t-il des méchants ?

La liste est longue et non exhaustive.

Pendant un an, Frédéric Lenoir a animé des ateliers philosophiques à Paris, Montréal, Abidjan ou Genève pour philosopher avec des enfants. Et apprendre d'eux. En conclusion de ce périple, il a estimé être convaincu que si tous les enfants du monde faisaient de la philo à l'école, le monde changerait en une génération. Utopique, mais est-ce faux pour autant ?

Pourquoi faut-il attendre la classe de terminale pour se questionner sur l'amour, le respect ou le bonheur ? Faut-il avoir plus de 16 ans pour avoir un avis sur ces questions ?

Conseil — Faire face à une question existentielle : le mode d'emploi

À notre niveau de parent, nous devons donc retenir une chose : quand nos enfants s'interrogent sur la vie, se questionnent sur notre existence, nous devons :

1. les écouter,
2. les encourager à faire entendre leur voix,
3. les inciter à continuer.

On peut imaginer les effets positifs pour nos enfants : ouverture d'esprit, capacité de réflexion, prise de parole en public. Et aussi, gain évident de confiance en soi.

L'exemple de l'enfance de Michelle Obama

Lors des conférences données à l'occasion de la sortie de son autobiographie, *Devenir*, l'ex-*First Lady* est revenue sur son enfance. Elle expliquait en quoi ses parents étaient responsables de la grande confiance en elle qui l'habite aujourd'hui, notamment le fait que sa mère considérait ses enfants comme des personnes à part entière.

> « Ma mère ne m'a jamais empêché de m'exprimer. Elle nous a encouragés à faire entendre notre voix. Pour mes parents, mon avis était pertinent, et mes opinions avaient du sens. Mes craintes et mes frustrations étaient réelles. »

En clair, quand la petite Michelle exprimait un avis, une crainte, une peur, elle était respectée dans cet avis, cette crainte, cette peur. Forcément, c'est un exemple à suivre. Aujourd'hui, on comprend que Michelle Obama, grâce à cette éducation, a (presque) toujours eu foi en elle-même. N'a pas eu, comme tant d'adultes, la peur de prendre la parole, de donner son avis, de déranger, de dire une bêtise.

Prendre le temps de discuter ensemble

Même si, au quotidien, nous ne pouvons pas nous arrêter à chaque fois qu'un enfant émet un avis ou se pose une question, nous pouvons aussi lui expliquer : *« Moi aussi, j'aimerais parler avec toi de pourquoi le ciel est bleu. Mais là, je suis en train de faire à manger, on en reparlera, car ton avis m'intéresse. »*

> « On ne force pas une curiosité, on l'éveille. »
> **Daniel Pennac**

Une petite phrase comme celle-ci, plutôt que la classique « *pas maintenant, j'ai pas le temps* », ça change tout. Difficile de le faire à chaque interrogation de vos enfants, mais l'important est de l'avoir en tête.

Et une fois qu'on est plus cool, que le repas est prêt et qu'on a le temps, alors on peut ouvrir ce grand débat : *selon toi, pourquoi le ciel est bleu ?*

L'enfant se sentira mis en valeur et, si ça se trouve, il vous apprendra même quelque chose sur le sujet.

D'ailleurs, pourquoi il est bleu, le ciel ?

Écrivez ici les grandes réflexions récentes de vos enfants sur la vie, l'amour, la mort, le travail, la famille, l'amitié.

Vous serez heureux (et surpris, sans doute) de les relire dans quelques années.

Partie 6

Les émotions des enfants : l'absolue nécessité de les respecter

Apprivoiser ses émotions

Respecter et accueillir les émotions des enfants, et les aider à les apprivoiser, est fondamental pour leur développement.

Vous vous en êtes forcément rendu compte : contrairement aux adultes, les enfants sont en prise directe avec leurs émotions. Surtout lorsqu'ils sont encore tout petits. Ils n'ont pas encore le filtre de la raison, ni la capacité de mettre en perspective, de relativiser ce qu'ils ressentent.

La tentation pour les parents pourrait être, quand son enfant déborde d'une émotion négative, de lui demander gentiment d'arrêter tout de suite, roulez jeunesse, il n'y a rien à voir.

Or, il faut faire tout l'inverse.

Les spécialistes de la petite enfance s'accordent pour dire qu'il n'y a pas de bonnes ou de mauvaises émotions. Que ce soit la peur, la joie, la tristesse ou la colère, votre enfant ne peut – avant l'âge de raison – rien contrôler tout seul.

Nous devons donc réussir à les accompagner dans ces moments où ils se sentent submergés et, plus tard, à tête reposée, leur apprendre à les gérer.

> « Dire à un enfant qui a mal « ce n'est rien », revient à l'embrouiller, car on nie son impression alors que justement, il en cherche la confirmation auprès de nous. »
>
> *Maria Montessori*

Observez votre enfant : exprime-t-il facilement ses émotions ? Est-il souvent sujet à des tempêtes émotionnelles ?

Être empathique

« Je comprends. »
Cette petite phrase semble toute simple,
mais elle a un grand pouvoir, celui de montrer
à votre enfant que vous êtes à son écoute.

Mise en situation Crise au dessert

Votre enfant se met à hurler car il veut un dessert supplémentaire. Il s'est déjà brossé les dents, il a déjà bien mangé, vous ne comprenez pas. Il va exploser en sanglots, se rouler par terre, craquer. Bref, il est fou de colère.

Pour l'accompagner au mieux, une petite phrase suffit pour le faire immédiatement redescendre de trois étages dans l'énervement : « je comprends ».

Ça marche souvent et dans de nombreuses situations. Votre enfant va intégrer le fait que vous prenez au sérieux sa grande frustration. Il se sentira compris et respecté, ce qui sera un point important vers le retour à l'apaisement.

Bien sûr, il ne faut pas se contenter de dire « je comprends ». Vous avez le choix :

Je comprends que tu sois frustré, mais on ne peut pas manger deux desserts après un repas.

Je comprends que ça t'énerve, moi aussi, parfois, j'aimerais me resservir. Mais, après, on risque de mal dormir si on a le ventre trop plein.

Je comprends que tu adores ce dessert, moi aussi d'ailleurs, mais il faut en garder pour demain.

Un enfant doit comprendre qu'il a le droit d'avoir ce genre de réaction. Le pire serait qu'il garde tout pour lui. Il doit, avant toute chose, évacuer cette tension.

Je comprends que ça t'énerve, tu as le droit de pleurer. Dès que tu seras calmé, on en reparlera tous les deux.

Il y a autant de réponses alternatives que d'enfants. À vous de trouver la bonne.

Évidemment, c'est plus facile à dire qu'à faire, surtout le soir après une longue journée, mais c'est essentiel d'essayer. Lorsque votre enfant va s'apaiser, vous allez pourvoir entamer un boulot important : lui apprendre, doucement mais sûrement, à canaliser lui-même ces tempêtes émotionnelles.

Lui apprendre à reconnaître ses émotions

*Pour pouvoir apprivoiser ses émotions,
votre enfant doit pouvoir les identifier
et les comprendre.*

N'hésitez pas à en parler avec votre enfant. Il doit, très tôt, pouvoir mettre des mots sur ces émotions.

La joie, la tristesse, la colère, la honte, la peur, l'excitation, l'énervement...

Le mieux est de le tourner sous forme de jeux.

Activité Le jeu du miroir

Mettez-vous devant un miroir et demandez à votre enfant de vous mimer chacune de ses émotions. S'il ne réussit pas, montrez-lui l'exemple.

Tu vois, moi je fais cette tête quand je suis triste.

Et celle-là quand je suis énervé.

Et toi, tu fais quelle tête quand tu es en colère ?

Par ce petit jeu, il va mieux connaître l'expression de ses émotions.

Se libérer par les mots

N'hésitez pas également à interroger votre enfant lorsqu'il a vécu une émotion importante.

Tu as eu très peur quand tu t'es perdu au supermarché. Qu'est-ce que tu as ressenti ? Explique-moi...

S'il peut mettre des mots sur ce moment très désagréable qu'il a vécu, ça va l'aider à passer à autre chose. Vous pourrez aussi lui expliquer que c'est normal d'avoir réagi comme ça.

Si votre enfant n'est pas un fan du jeu du miroir, proposez-lui alors de jouer au « grand acteur ». Expliquez-lui qu'un comédien, dans un film, doit être capable de jouer sur commande les principales émotions. Demandez-lui : « Si tu jouais dans un film, et qu'on te disait : maintenant joue l'enfant trop content… Tu jouerais comment ? »

Pareil avec la colère, la peur ou encore la fatigue. Vous risquez de bien vous marrer tous les deux.

Le livret des émotions

Voici les principales émotions que va vivre un enfant.
Demandez-lui ce que lui inspire chacun des visages.

Méditer en pleine conscience !

Au début de ce livre, Catherine Gueguen vante les vertus de la méditation de pleine conscience pour aider les enfants à se connecter à leurs émotions. Mais qu'est-ce que c'est ?

Christophe André, psychiatre et psychothérapeute, est l'un des principaux spécialistes français de la méditation de pleine conscience. Il la définit comme un retour à un rapport au temps très animal, très sensoriel, dans lequel on ne fait que constater ce qui se déroule à un moment précis.

La méditation de pleine conscience est un peu l'anti tout écran. Notre société actuelle nous stimule sans cesse. Nos enfants vivent la même chose.

Quelques ouvrages pour approfondir

Gilles Diederichs, *Le cahier Méditation et concentration parent-enfant*, First

Christophe André, *Méditer jour après jour*, L'Iconoclaste

Et comment ça marche ?

La méditation de pleine conscience, c'est très simple à réaliser. Vous allez vous assoir avec votre enfant. Et essayer de ne penser qu'à une seule chose : votre respiration. L'objectif est de ressentir chaque seconde, chaque moment. D'entendre chaque bruit. L'idéal serait de le faire dehors, dans un champ, avec des oiseaux qui chantent et l'odeur des coquelicots. Bon, c'est bien aussi de le faire dans sa chambre, au calme, le matin.

Pas besoin d'en faire pendant des heures, Christophe André recommande 5 minutes par jour.

On essaie ?

« Les bénéfices de cette méditation sur le souffle sont nombreux : la pression sanguine diminue, le rythme cardiaque se ralentit, les décharges de stress s'apaisent. »
Jeanne Siaud-Facchin

Activité Méditation du souffle

Les premières fois, pour aider votre enfant, dites-lui de se concentrer sur sa respiration :

- son ventre qui bouge,
- sa cage thoracique qui se soulève puis se rétracte,
- ses narines qui se remplissent d'air.

Pour l'aider, il peut mettre un doudou sur son ventre, et s'amuser à l'observer monter et descendre, en suivant le rythme de la respiration.

Qu'avez-vous ressenti ?

Traverser les tempêtes émotionnelles

En cas de crise dans un lieu public, concentrez-vous sur votre enfant, en tentant de rester calme, et détachez-vous du regard des autres.

Mise en situation — La crise au supermarché

Le pire, c'est au supermarché. Samedi, il est 17 h, vous êtes crevé, votre enfant aussi. La caisse est blindée, tout le monde est tendu. C'est généralement à ce moment que votre enfant va vous offrir ce grand moment initiatique par lequel tous les parents du monde passent un jour : la crise à la caisse.

Ce qui est important de garder en tête, c'est que les regards accusateurs, moqueurs ou culpabilisateurs de vos voisins n'ont aucune espèce d'importance. Vous les voyez aujourd'hui, ces personnes. Mais, bonne nouvelle, vous ne les verrez plus jamais.

N'oubliez pas, crier plus fort que lui ne servira strictement à rien, sinon à faire monter la tension d'un cran.

Prendre à témoin l'une de ces personnes

En général, ça marche bien. Crevez l'abcès, tout se passera mieux. « Depuis que j'ai un enfant, je redoutais sa première crise à la caisse d'un supermarché. C'est pour aujourd'hui, je suis ravi que vous en soyez le témoin... » Normalement, ça fera marrer la personne. Elle vous donnera peut-être un conseil ou deux, mais au moins, vous vous sentirez moins scruté.
Si ça se trouve, votre enfant sera surpris de voir que vous n'êtes plus tant que ça spectateur de sa colère. Et s'apaisera tout seul.

Trouver un compromis

Une crise n'est jamais gratuite et ce n'est pas plus drôle pour lui que pour vous, même si vous ne vous en rendez pas compte sur le moment. Essayez de comprendre ce qu'il se passe dans les émotions de votre enfant : trop de sollicitations sonores et visuelles du supermarché ? trop de fatigue ? peut-être a-t-il faim ou soif ? ou simplement besoin d'attention/d'affection (notamment chez les tout petits) ?

Cochez ou complétez ces moments les plus critiques pour vous, où ils ont tendance à ~~péter les plombs~~ se laisser submerger par leurs émotions devant plein de monde

- ❑ Le supermarché, le classique
- ❑ Au moment de quitter le parc pour rentrer à la maison
- ❑ Dans le train, le dimanche soir, en rentrant de week-end dans votre famille
- ❑ Le jour de la kermesse de l'école (devant tous les autres parents, le bonheur)
- ❑ Chez le médecin
- ❑
- ❑
- ❑

Remarquez-vous des points communs ou des déclencheurs à ces chamboulements émotionnels ?

Si oui, avez-vous un moyen de les désamorcer en douceur ?

À froid, essayez de réfléchir comment vous pourriez réagir avec bienveillance dans ces situations et imaginez :

- une astuce à tester pour ne pas vous énerver (si c'est votre réaction automatique)

- une stratégie de diversion pour détourner l'attention de votre enfant

- une technique d'apaisement des émotions (si vous en avez développé une ensemble)

- lui en parler à froid pour anticiper la situation, avec l'appui d'un livre par exemple (les courses, le médecin, etc.)

- si c'est insurmontable, une solution alternative : pour les courses, les faire à un autre moment, en mode drive... ; chez le médecin, prendre le 1er RDV de la journée pour éviter l'attente ; etc.

-

-

-

Et si vous vous sentez complètement perdu, bonne nouvelle, il y a de grandes chances pour que vous trouviez sur Internet des conseils de parents bienveillants pour la situation critique qui vous préoccupe !

Trouver des moments de qualité

Pour se recharger en positif, rien de mieux que de partager un vrai moment de qualité parent-enfant.

Peu importe que ce temps ne soit pas très long, en revanche, il faut offrir votre attention totale le temps de l'activité (éloignez votre téléphone portable ou votre tablette avant de commencer !).

Avec nos vies actuelles, le travail, les temps de transports de plus en plus long, les courses à faire, le ménage, les copains, la famille... C'est une évidence : nous n'avons pas assez de temps à 100 % avec nos enfants.

Il faut savoir trouver la parade, en se gardant des moments de qualité, à défaut de quantité.

Listez ici les moments que vous aimez partager avec votre enfant. Pas besoin d'écrire « jouer à la poupée » ou « aux petites voitures ». Non, ça, personne n'aime vraiment jouer à ça, passé l'âge de 15 ans. En revanche, on peut très bien passer un super moment en cuisinant, dessinant, faisant du vélo, etc., avec son enfant.

Et vous, alors, vous aimez le plus faire quoi, avec votre enfant ?

Conclusion

Alors ça y est. Vous êtes prêt. L'éducation bienveillante n'a (presque) plus de secret pour vous. Mon conseil maintenant, c'est de vous y mettre à votre rythme. Pas besoin de tout changer du jour au lendemain. Pas besoin de culpabiliser si, dès ce soir, vous allez (un peu) vous énerver au moment du coucher. C'est normal, et l'auteur de ces lignes a beau faire le malin en écrivant un livre sur le sujet, je ne suis pas le dernier à m'énerver. Mes enfants peuvent en témoigner.

L'important c'est de prendre en compte tous les sujets annexes à l'éducation bienveillante, d'en faire une tambouille et de garder ce qui vous intéresse le plus.

Je vous conseille également de demander à vos enfants ce qu'est, pour eux, un parent bienveillant. Et à l'inverse, ce que serait un parent malveillant. Vous risquez de beaucoup apprendre sur vous-même, avec leur réponse.

Enfin, dernière chose : commencez par de l'autobienveillance. Ne vous jugez pas trop sévèrement. Soyez indulgent. Vous êtes déjà un bon parent. Évidemment.

C'est déjà l'heure du bilan !

Êtes-vous un parent plus bienveillant ?

Voici une liste d'objectifs que vous avez pu vous fixer au fil des pages. Cochez les objectifs que vous avez atteints :

- ❑ Je ne donnerai plus de fessée
- ❑ Je vais fixer 5 consignes non négociables auxquelles je vais me tenir
- ❑ Je vais devenir un pro de la diversion
- ❑ Je ne crierai plus (enfin, moins...)
- ❑ Je vais fermer mon compte Instagram
- ❑ Je vais me mettre à la méditation de pleine conscience
- ❑ Je vais créer un supertableau de routine
- ❑ Je vais refaire un enfant (il n'y a pas de rapport, mais on ne peut que vous y encourager)
- ❑
- ❑

Pour les objectifs non atteints, qu'est-ce qui coince ?

Choisissez peut-être un autre objectif plus facilement atteignable pour y revenir ensuite.

Qu'est-ce qui a changé le plus dans votre vie grâce à ces changements ?

Mes autres observations

« Ce livre de Benjamin Muller a véritablement changé ma conception de la parentalité. Depuis que je l'ai lu, je suis un tout autre père. Bienveillant, heureux, épanoui. Merci Benjamin. *Thank you my friend.* »

Barack Obama, par message privé sur Instagram

Remerciements

Un grand merci à Anne Bazaugour et Marion Carvalho pour leur aide si précieuse.

Merci à toute l'équipe de la Maison des Maternelles, tellement bienveillante. Le mot est faible.

Merci à Georges Contal pour tout ce qu'il m'a apporté.

Un grand merci également à mes parents, bienveillants depuis toujours et en toutes circonstances.

Et à Émilie, Louis, Bastien, Edgar, Camille et Charlotte, mes frères et sœurs si bienveillants également.

Et surtout, un énorme merci à Lola, Roméo et Charlie, tellement inspirants, du matin au soir, et même la nuit.